Ludwig Richter-Büchlein

Mit vielen schönen Holzschnitten des Meisters: von Haus und Hof Weib Kind und Kegel

Walter Blumtritt

Alpha Editions

This edition published in 2022

ISBN : 9789356789173

Design and Setting By
Alpha Editions
www.alphaedis.com
Email - info@alphaedis.com

Contents

Die Welt Ludwig Richters ....- 1 -
Zum neuen Jahre ....- 5 -
Abschied ....- 7 -
Der frohe Wandersmann ....- 9 -
Heimliche Liebe ....- 11 -
Das zerbrochene Ringlein ....- 13 -
Der Mensch ....- 16 -
Aus der Jugendzeit ....- 26 -
Es ist bestimmt ....- 28 -
Sternennacht ....- 30 -
Abendlied ....- 31 -
Ein Lied hinterm Ofen zu singen ....- 38 -

Die Welt Ludwig Richters

Wenn die Erinnerung den Weg in meine Jugend zurückgeht, kehrt sie in einer alten Mühle ein, in der ich meine schönsten Kindertage verlebt habe. Durch den Torbogen sieht man die Säcke aufgetürmt im kühlen Hausflur liegen, das Wasser stürzt und feiner Staub erfüllt die Luft. Dort geschah es manchmal, wenn wir Kinder hoch oben auf den Säcken spielten, daß ein Handwerksbursche in den Torbogen trat und unbekümmert ins Haus hineinrief: „Grüß Gott, wandernder Müller." Wenn dann der Müller, oder seine Frau, herbeikamen und ihm als Zunftgenossen den üblichen Reisenickel gegeben hatten, erzählte er noch einiges vom Woher und Wohin, und daß er sich nun das Saaltal aufwärts übern Wald nach Franken durchschlagen wolle, bis zu den Alpen. — Das ist lange her, aber damals erwachte die Wanderlust und Wandersehnsucht in mir, und wenn die ersten blauen Frühlingstage kommen, geht die Erinnerung noch heute freudig und sehnsüchtig zurück zu der Mühle in der kleinen Stadt und zu dem wandernden Müller, der über'n Wald nach Franken wollte, bis zu den Alpen. Die Welt, in der die Mühle stand, war die Welt Ludwig Richters; die Mühle mit ihren winkligen Neben-Häusern und Höfen, wo man dem Nachbar in den Kochtopf sehen konnte und wo sich ein behagliches Reich von Hinterhäusern auftat, mit Höfen und Höfchen, mit eifrigen Tauben und bunt blühenden Fenstergärtchen, mit Scheunen, wo man das Dreschen hörte, und Hausgärten, die bis zum Stadtgraben gingen; dort drängten im ersten Frühjahr die Schneeglöckchen aus dem Rasen und im Herbst warfen die alten, schönen deutschen Rosenbüsche ihre Blätter auf die Wege. Und waren die Einfassungen aus Buxbaum auch etwas schadhaft und die Gartenlaube windschief, so erging sich doch Groß und Klein in dem Garten, die Frauen schwatzten an den Nachbarzäunen und nirgends in der Welt war es behaglicher. — So war die ganze Stadt: am Samstag kamen die Marktweiber in strengen schwarzen Kopftüchern von ihren Dörfern mit Tragkörben und Butterkübeln aus weißgescheuertem Tannenholz auf dem Rücken zum Markt, wo wir Kinder uns in der Sonne zwischen den Körben und Obstständen herumtrieben und die Leute vor den Fleischerbuden standen und rötlichen Landwein zu ihren Bratwürsten tranken; da war gut sein: warme Sonne, leichter blauer Rauch von den Bratrosten, Musik vom Rathausturm, dazu fröhlicher Kleinstadtlärm und dazwischen bummelnde Studenten, die sich für eine Spritzfahrt auf die Bierdörfer talauf, talab verabredeten.

Wenn dann die Nacht kam, waren die Straßen leer und bei Mondschein brannte auf Geheiß der sparsamen Obrigkeit keine Laterne; Gassen und

Häuser lagen kühl und still: kaum das Fallen des Wassers in die Steintröge, das Schlagen eines letzten Fensters, die gedämpfte Fröhlichkeit der trinkenden Philister hinter verhangenen Gasthausfenstern und das Stundenblasen des Türmers vom Turme der Stadt. Und der Fremde, der durch ein Stadttor hereinkam und in den Häuserschatten durch die Straßen ging, der hörte nichts als etwa ein Flüstern in einem Türbogen und das nächtliche Rauschen des Fluß-Wehres, wenn der Wind vom Tale herkam.

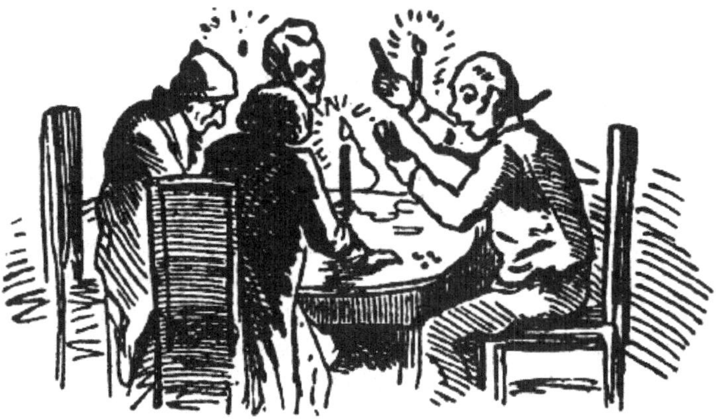

Das alles ist anders geworden und nicht viele wissen noch davon; auch die Volksfeste und Jahrmärkte sind anders geworden, wo lange Schaftstiefel und noch fast neue Anzüge in wackeligen Buden baumelten, wo die geblähten, ewig unruhigen Zelte der Tausendkünstler und Seiltänzer standen mit ihrem geheimnisvollen Leben und den Gaffern davor, und dann — die Buden voll Pfefferkuchen und Türkenhonig und Zuckerzeug, rotem und grünem!

Damals hatte die Zeit sich noch nach den Volksfesten zu richten: „Wir nehmen unsere Äpfel noch vor dem Michaelis-Markt ab" hieß es, oder „Nachbars Ernst ist drei Tage nach dem Vogelschießen gestorben". Im Winter wurde nach dem Weihnachtsmarkt gerechnet, der aber lange vor Weihnachten war. In den engen Gassen standen die langen Reihen der Buden, wo man alles und jedes haben konnte, vor allem am Abend, wenn die Lichter wehten und die vermummten Verkäuferinnen ihre starren Hände über kleinen Öfchen wärmten; kluge Leute kauften sich da derbe Winterstiefeln, Pfeffernüsse und einen Kalender oder schon einen Weihnachtsengel. Dazu kam ein Schnee herunter, wie er ganz abgekommen ist, und die Bauern stellten ihre Wagen auf große Kufen, kamen ganz verschneit in die Stadt und hatten dicke Pelze an, wenn sie Butter und Eier ins Haus brachten, die jetzt für die Weihnachtsstollen aufgespart wurden.

Aber auch die Menschen sind andere und anders geworden, fortgezogen, weit weg, oder nur auf den nahen Kirchhof; dort findet man niemanden, der da nichts verloren hat; nur alte Menschen gehen noch an ihren Gedenktagen auf den verwachsenen Wegen und bringen bescheidene Kränze und reden ein weniges mit dem Wärter des Gartens, der auch schon alt ist, aber alles noch weiß; — dann vielleicht noch ein paar spielende Kinder in einer Ecke, wo die verwahrlosten Gräber liegen — ein Ruf, ein Wagenrollen von draußen, jenseits der Mauern — eine Schwalbe, die zwitschernd durch die Baumreihen jagt, und die Berge, die von allen Seiten wie einst herübersehen.

Die Welt unserer Großväter ist versunken; alles trennt uns von jenen Menschen, deren Leben: arbeiten und feiern, bauen und wohnen, denken und tun, glauben und hoffen, noch eins waren; aber auch damals war die gesunde, schöne Einheit des Daseins nur für jene da, die sie fühlten, mit Herz und Auge sahen, wie Ludwig Richter etwa, und in ihr lebten und sie wahrten.

Als ich vor Jahr und Tag in einer Sommernacht in die kleine Stadt zurückkam, da fand ich das Haus meiner Mutter wieder; aber die Fliederbüsche, die über die Mauer hingen, waren abgeschlagen, weil sie den „Verkehr“ gestört hatten, das Haus war umgebaut und verwahrlost und von Leuten aller Art bewohnt, die gedankenlos ein- und ausgingen; und an der Wand des Hauses hing verlumpt der heilige Weinstock, den keiner mehr ehrt.

Und doch lebt die alte, schöne versunkene deutsche Welt noch da in ihrer Ganzheit, wo einzig eine Einheit deutschen Lebens und Daseins in ihrer unfaßbaren Größe und bescheidenen Enge lebt und leben kann: in uns.

Walter Weichardt

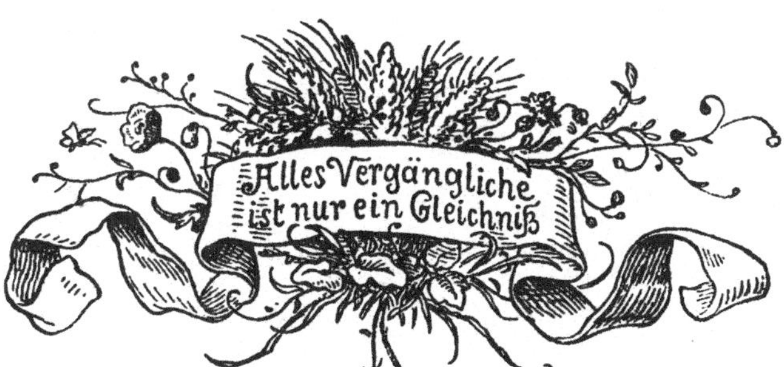

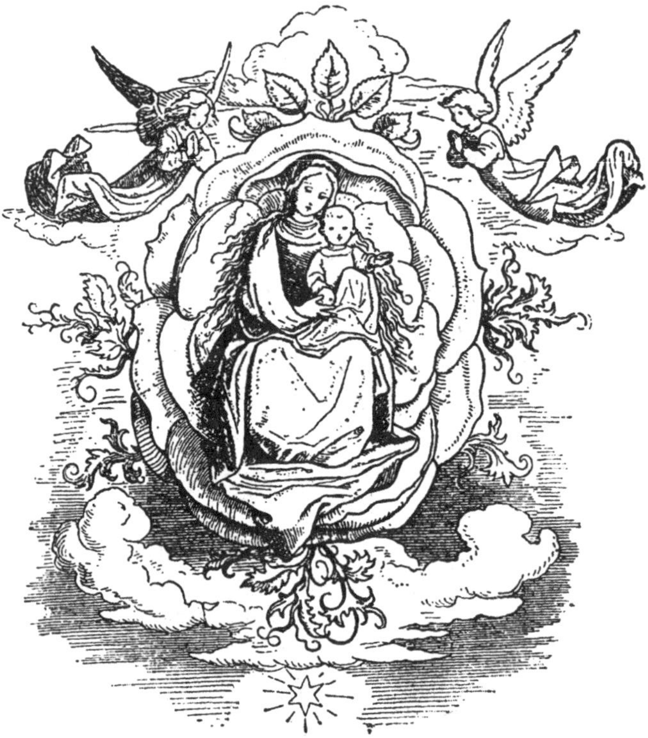

Es ist ein Ros' entsprungen
Aus einer Wurzel zart

Zum neuen Jahre

Wie heimlicher Weise
Ein Engelein leise
Mit rosigen Füßen
Die Erde betritt,
So nahte der Morgen.
Jauchzt ihm, ihr Frommen,
Ein heilig Willkommen,
Ein heilig Willkommen!
Herz jauchze du mit!

In Ihm sei's begonnen,
Der Monde und Sonnen
An blauen Gezelten
Des Himmels bewegt.
Du Vater, du rate,
Lenke du und wende!
Herr, dir in die Hände
Sei Anfang und Ende,
Sei alles gelegt!

Mörike

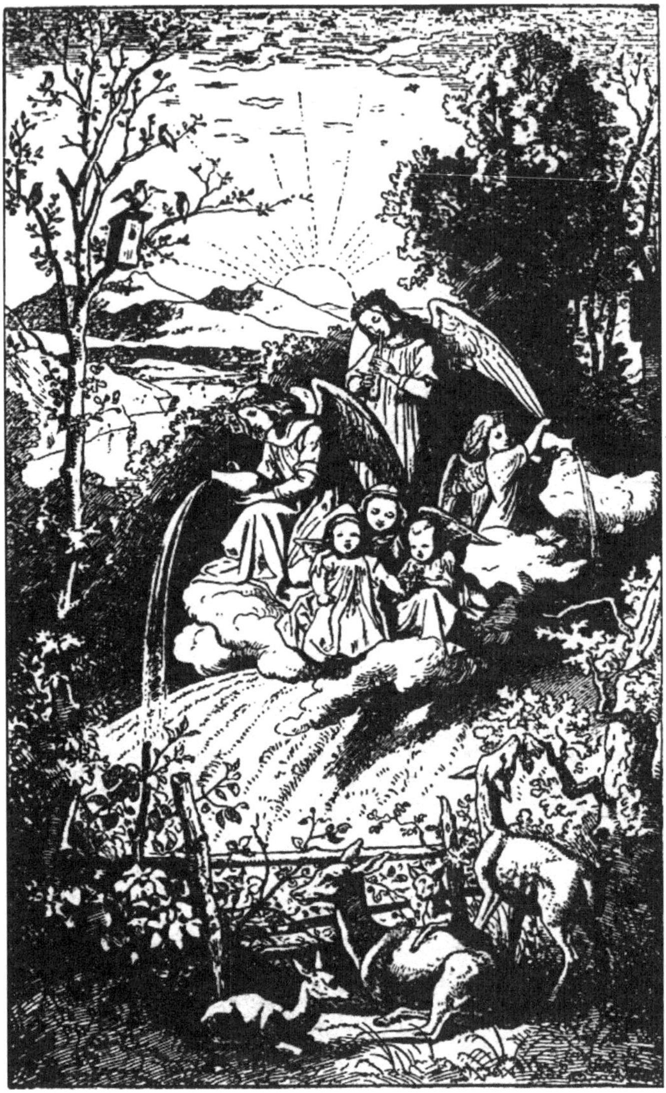

Abschied

O Täler weit, o Höhen,
O schöner, grüner Wald,
Du meiner Lust und Wehen
Andächt'ger Aufenthalt!
Da draußen, stets betrogen,
Saust die geschäft'ge Welt;
Schlag noch einmal die Bogen
Um mich, du grünes Zelt!

Da steht im Wald geschrieben,
Ein stilles, ernstes Wort
Von rechtem Tun und Lieben
Und was des Menschen Hort.
Ich habe treu gelesen
Die Worte, schlicht und wahr,
Und durch mein ganzes Wesen
Ward's unaussprechlich klar.

Bald werd' ich dich verlassen,
Fremd in der Fremde gehn,
Auf bunt bewegten Gassen
Des Lebens Schauspiel sehn;
Und mitten in dem Leben
Wird deines Ernsts Gewalt
Mich Einsamen erheben,
So wird mein Herz nicht alt.

Eichendorff

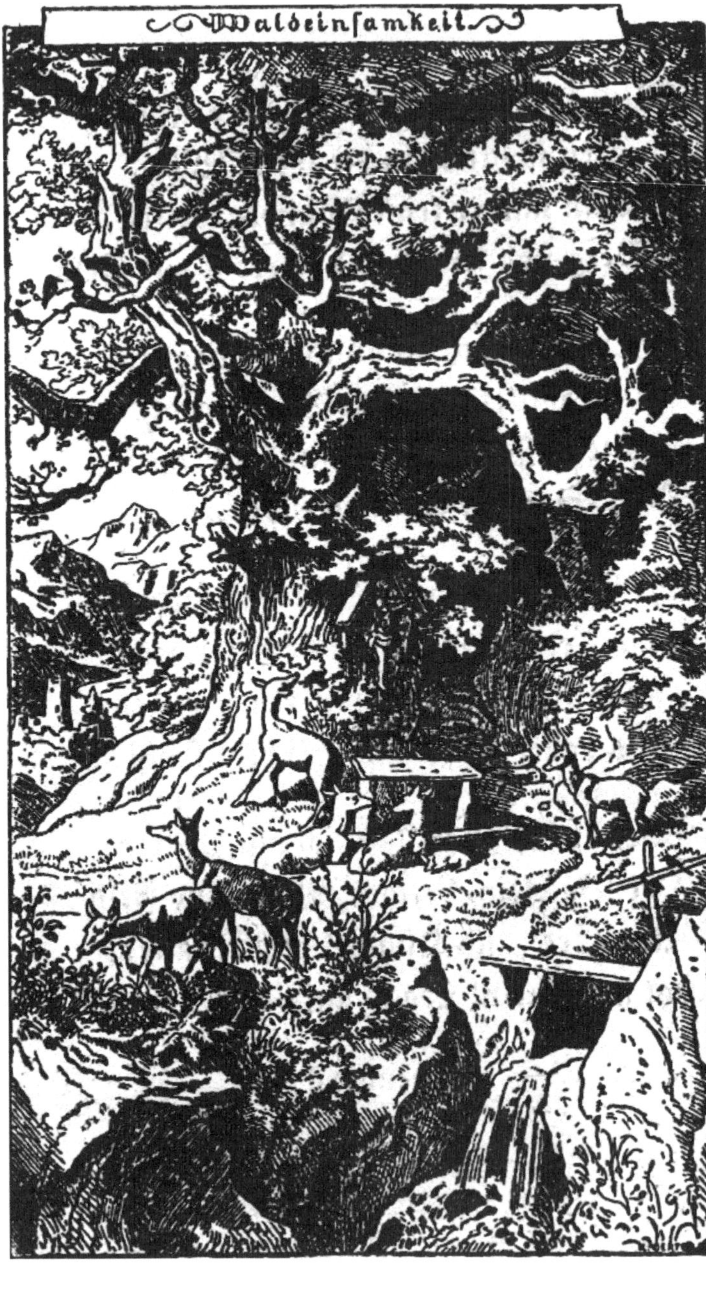
Waldeinsamkeit

Der frohe Wandersmann

Wem Gott will rechte Gunst erweisen,
Den schickt er in die weite Welt;
Dem will er seine Wunder weisen
In Berg und Wald und Strom und Feld.

Die Trägen, die zu Hause liegen,
Erquicket nicht das Morgenrot,
Sie wissen nur von Kinderwiegen,
Von Sorgen, Last und Not um Brot.

Die Bächlein von den Bergen springen,
Die Lerchen schwirren hoch vor Lust,
Was sollt' ich nicht mit ihnen singen
Aus voller Kehl' und frischer Brust?

Den lieben Gott lass' ich nur walten;
Der Bächlein, Lerchen, Wald und Feld
Und Erd' und Himmel will erhalten,
Hat auch mein' Sach' aufs best' bestellt!

Eichendorff

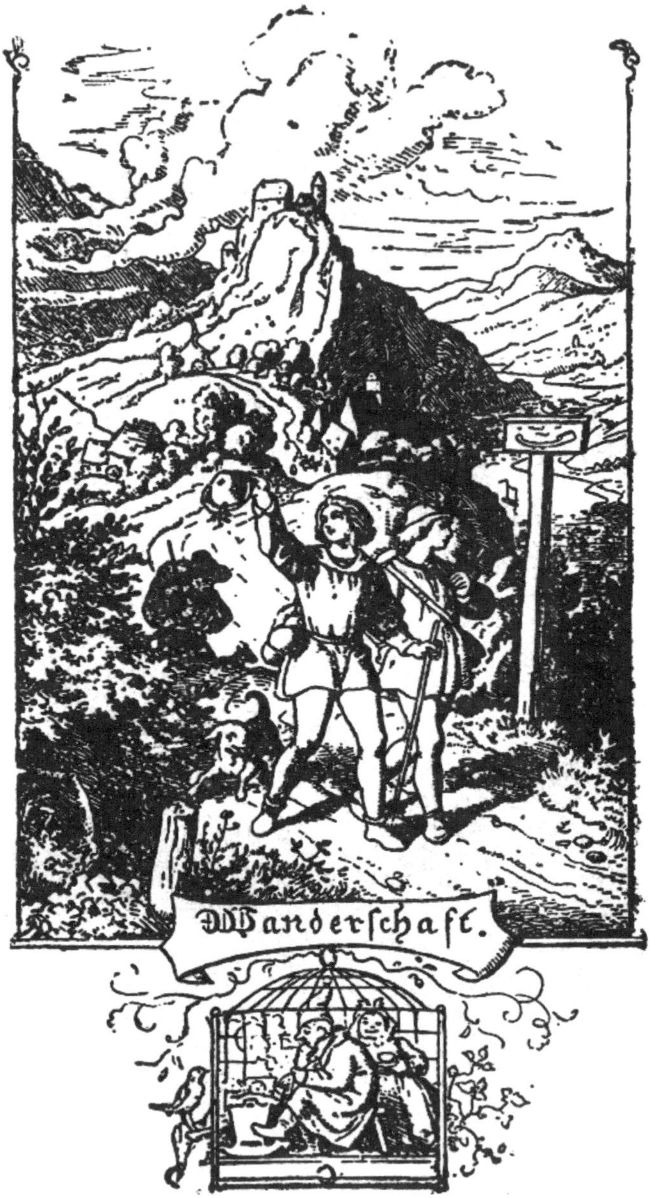
Wanderschaft.

Heimliche Liebe

Kein Feuer, keine Kohle kann brennen so heiß,
Als heimliche Liebe, von der niemand nichts weiß.

Keine Rose, keine Nelke kann blühen so schön,
Als wenn zwei verliebte Seelen bei einander tun stehn.

Setz du einen Spiegel ins Herz mir hinein,
Damit du kannst sehen, wie so treu ich es mein'!

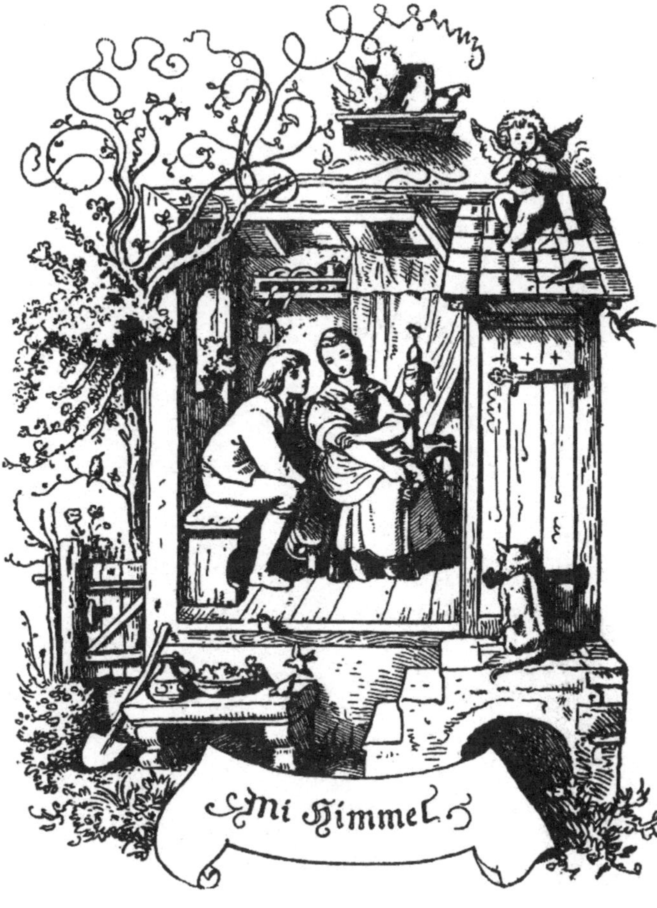

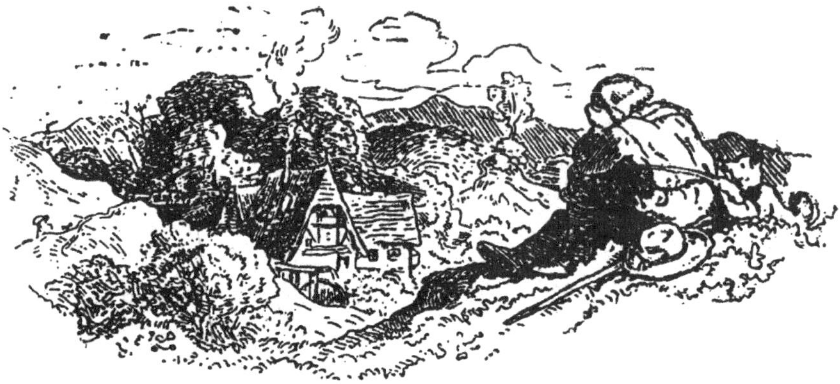

Das zerbrochene Ringlein

In einem kühlen Grunde
Da geht ein Mühlenrad;
Mein' Liebste ist verschwunden,
Die dort gewohnet hat.

Sie hat mir Treu versprochen,
Gab mir ein'n Ring dabei,
Sie hat die Treu gebrochen,
Mein Ringlein sprang entzwei.

Ich möcht' als Spielmann reisen
Weit in die Welt hinaus
Und singen meine Weisen
Und gehn von Haus zu Haus.

Ich möcht' als Reiter fliegen
Wohl in die blut'ge Schlacht,
Um stille Feuer liegen
Im Feld bei dunkler Nacht.

Hör' ich das Mühlrad gehen:
Ich weiß nicht, was ich will —
Ich möcht' am liebsten sterben,
Da wär's auf einmal still!

Eichendorff

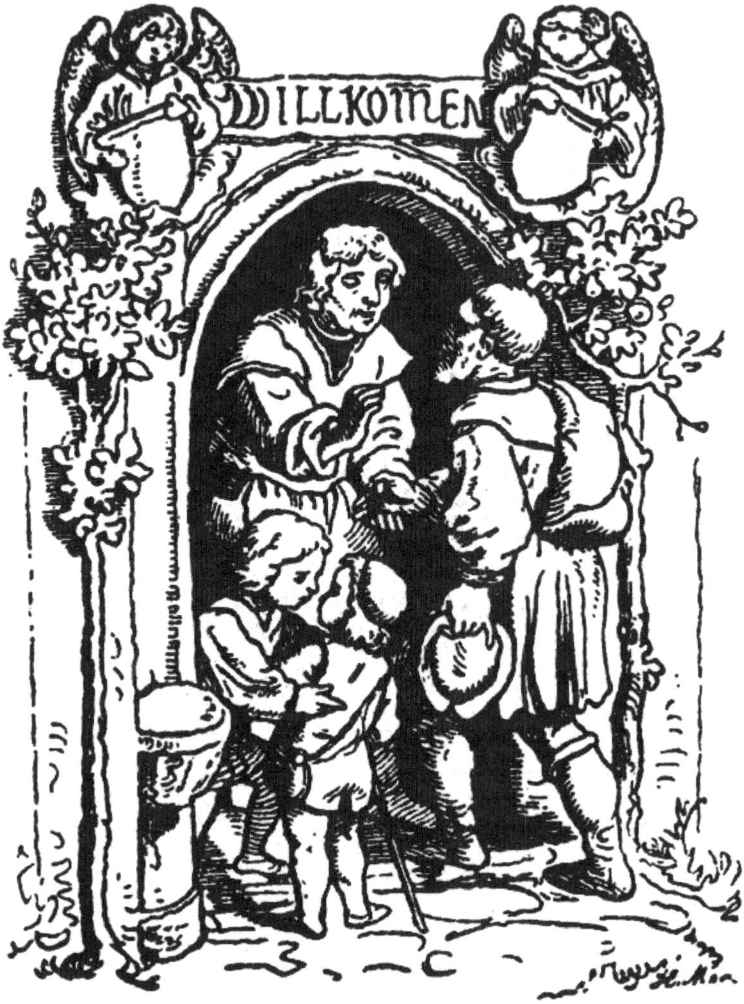

Freudig trete herein
und froh entferne dich wieder,
Ziehst du als Wandrer vorbei,
Segne die Pfade dir Gott.

Goethe

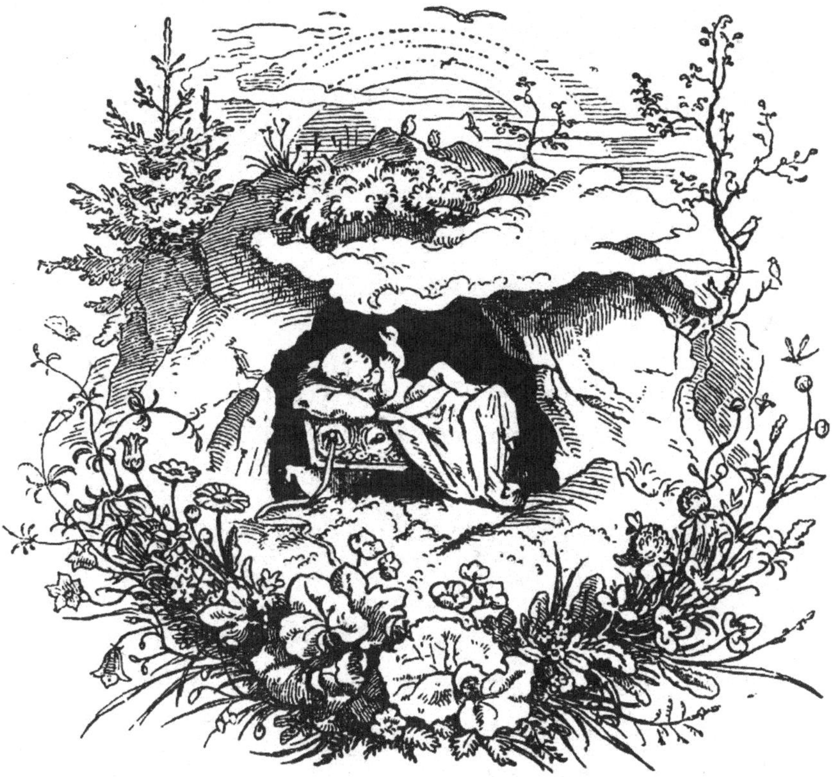

Der Mensch

Empfangen und genähret
Vom Weibe wunderbar,
Kömmt er und sieht und höret
Und nimmt des Trugs nicht wahr;
Gelüstet und begehret
Und bringt sein Tränlein dar;
Verachtet und verehret,
Hat Freude und Gefahr;
Glaubt, zweifelt, wähnt und lehret,
Hält nichts und alles wahr;
Erbauet und zerstöret
Und quält sich immerdar;
Schläft, wachet, wächst und zehret;
Trägt braun und graues Haar.
Und alles dieses währet,
Wenn's hoch kommt achtzig Jahr.
Dann legt er sich zu seinen Vätern nieder,
Und er kömmt nimmer wieder.

Johann Peter Hebel

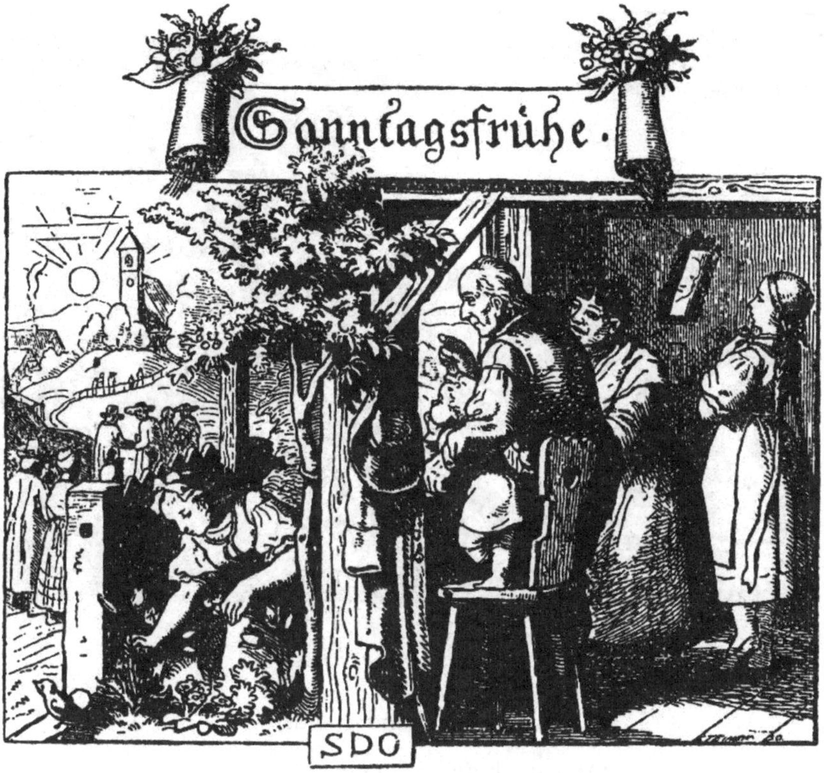
Sonntagsfrühe.
SDO

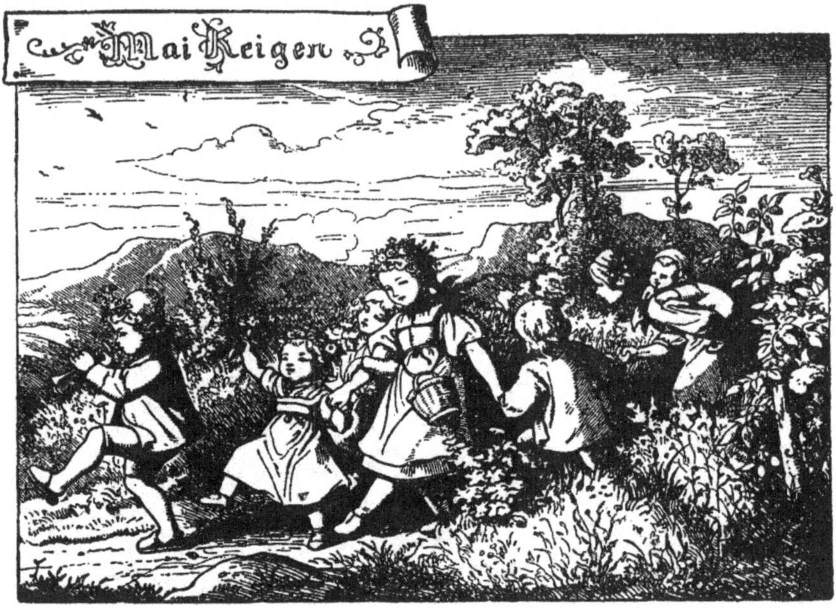

Bei einem Wirte wundermild,
Da war ich jüngst zu Gaste;
Ein goldner Apfel war sein Schild
An einem langen Aste.

Es war der gute Apfelbaum,
Bei dem ich eingekehret,
Mit süßer Kost und frischem Schaum
Hat er mich wohl genähret.

Es kamen in sein grünes Haus
Viel leicht beschwingte Gäste;
Sie sprangen frei und hielten Schmaus
Und sangen auf das Beste.

Ich fand ein Bett zu süßer Ruh
Auf weichen grünen Matten;

Der Wirt, er deckte selbst mich zu
Mit seinem kühlen Schatten.

Nun fragt ich nach der Schuldigkeit,
Da schüttelt er den Wipfel.
Gesegnet sei er alle Zeit
Von der Wurzel bis zum Gipfel.

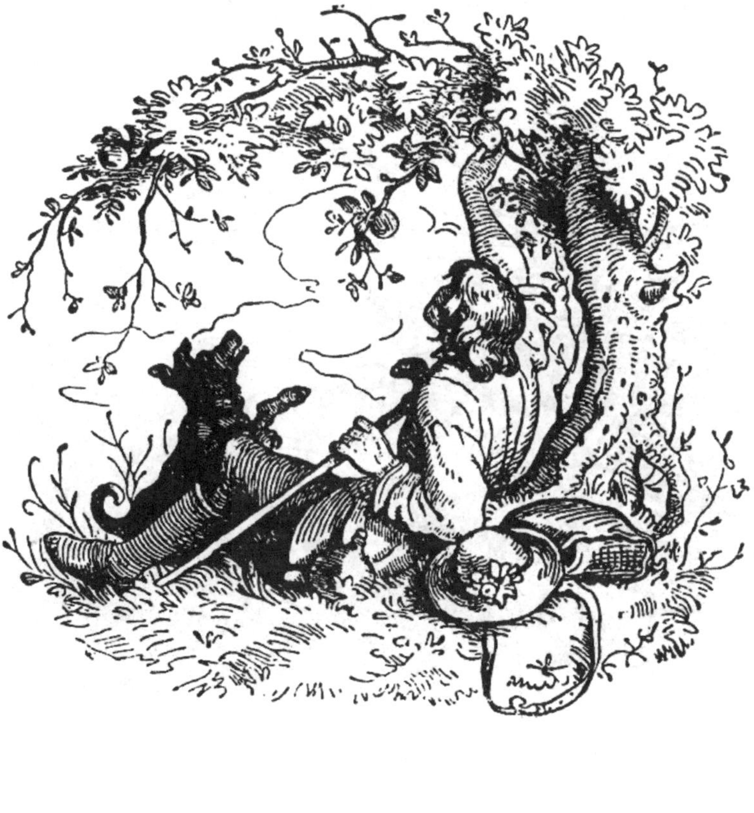

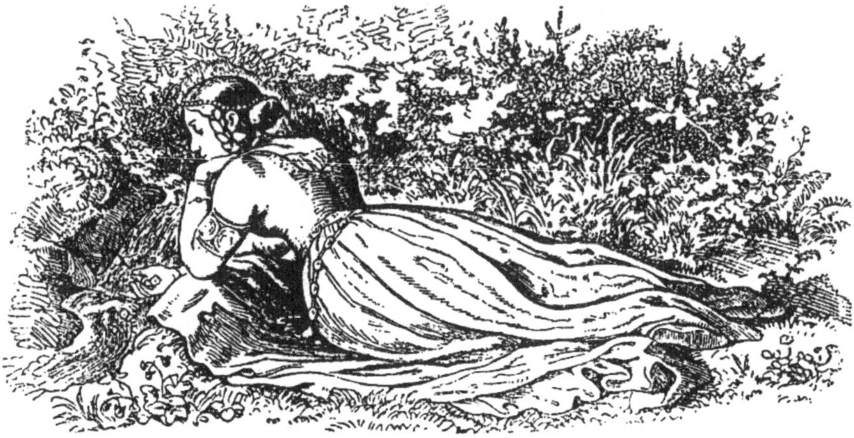

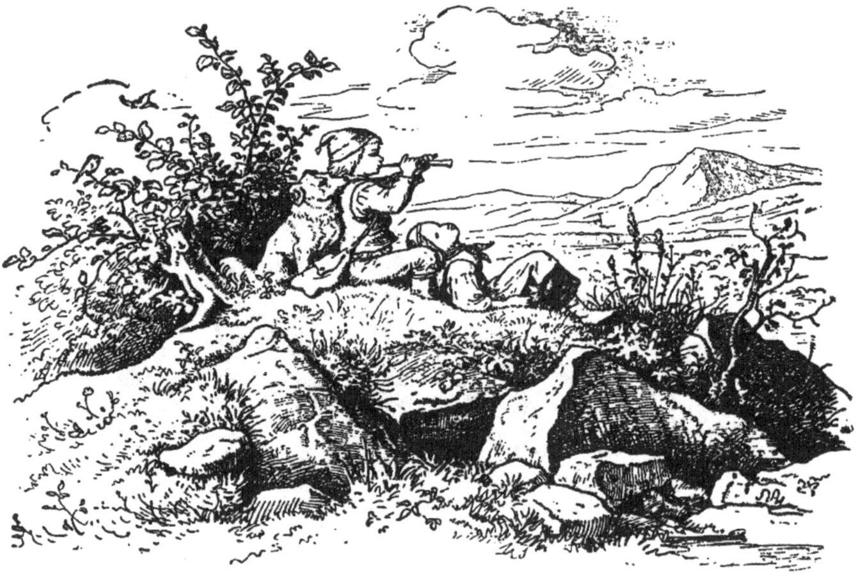

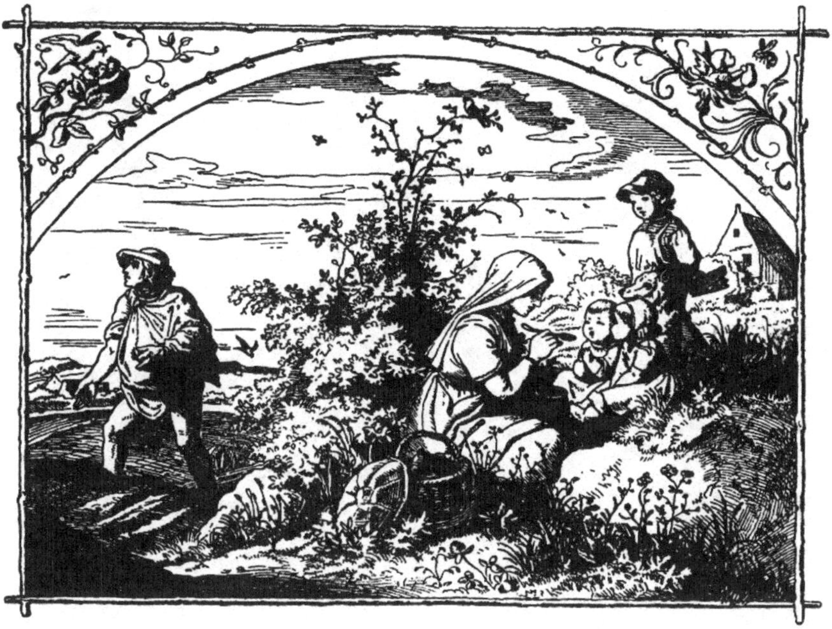

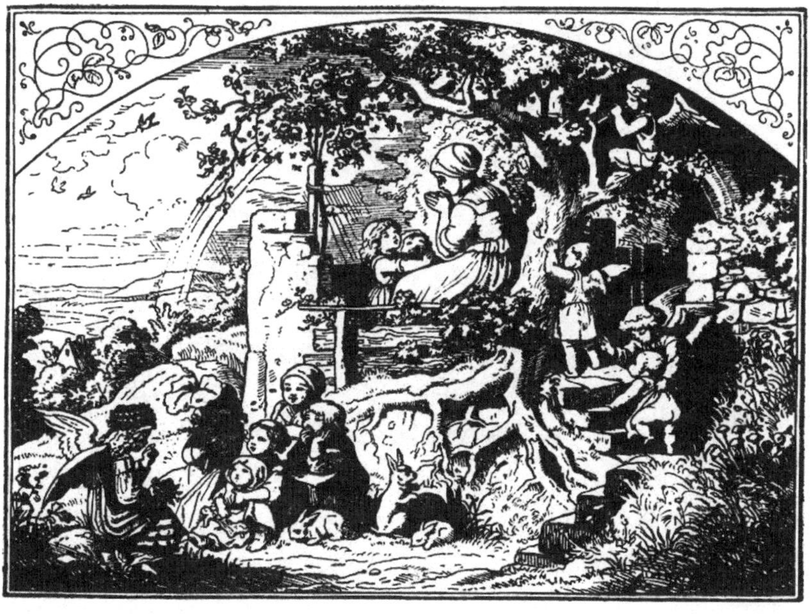

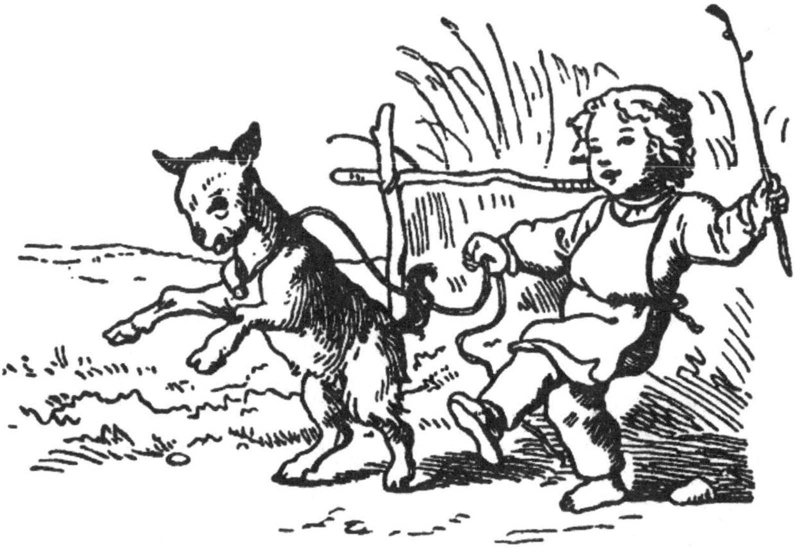

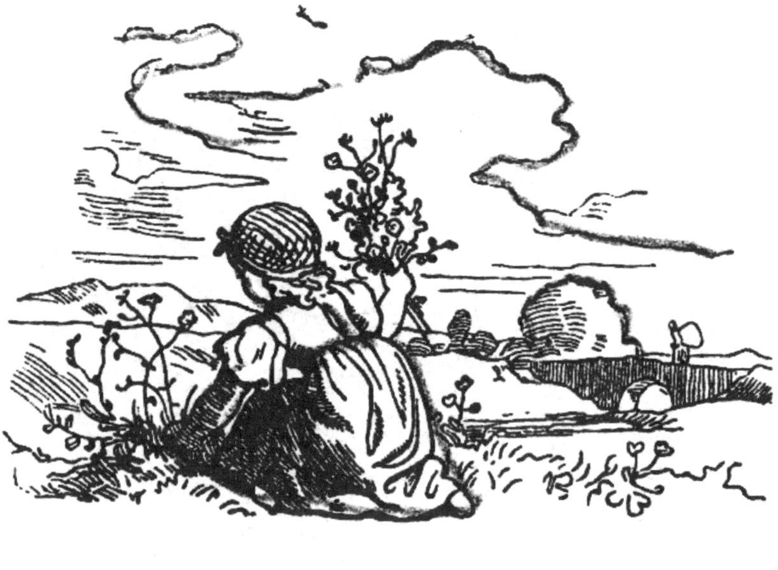

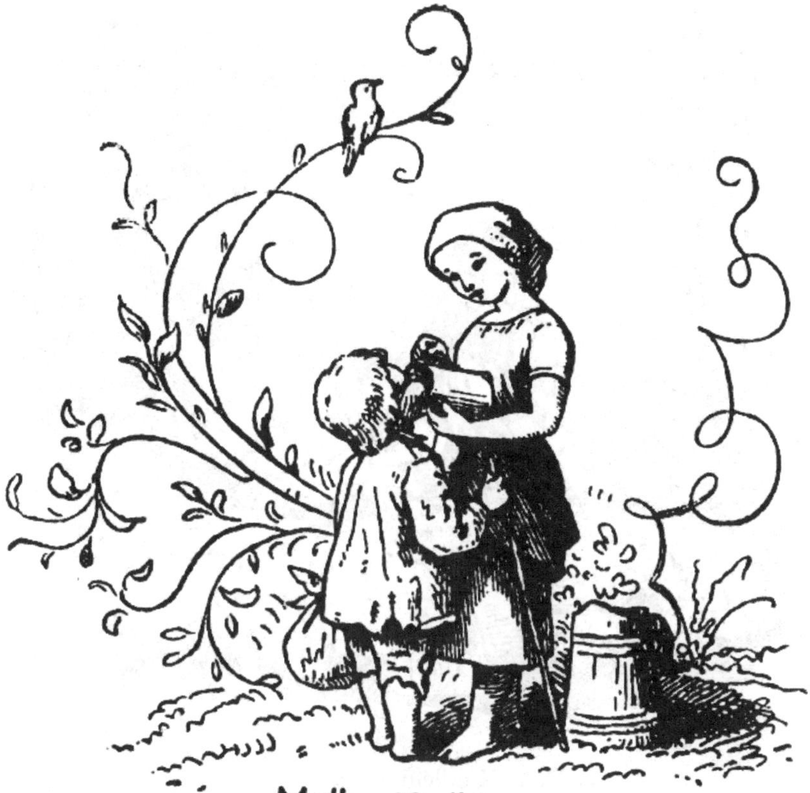

Math. 10, 42.

Und wer dieser Geringsten einen nur mit einem Becher kalten Wassers tränkt in eines Jüngers Namen, wahrlich, ich sage euch, es wird ihm nicht unbelohnet bleiben.

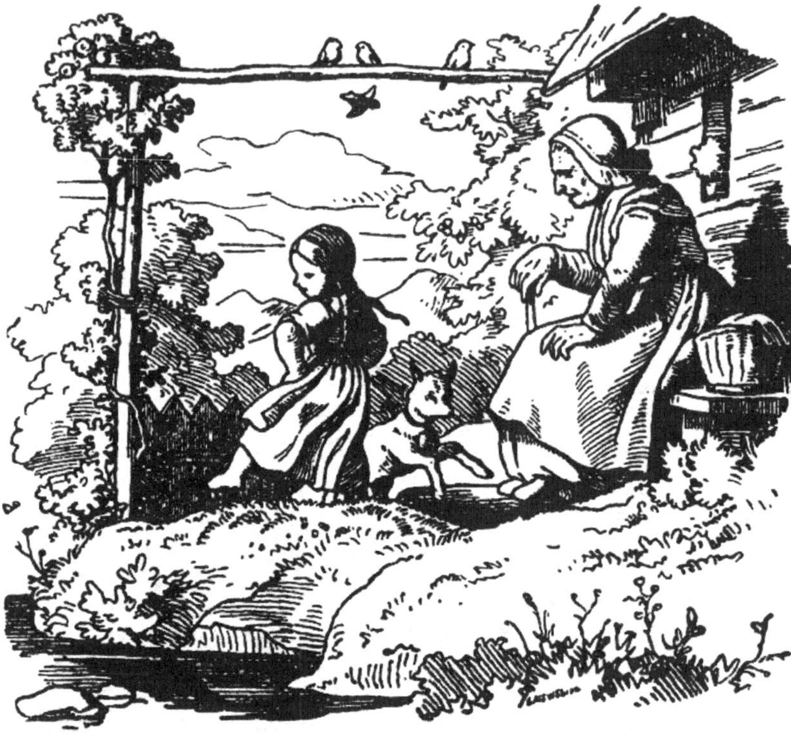

Tanz, Kindlein, tanz,
Deine Schühelein sind noch ganz.
Laß dir's nicht gereue,
Schuster macht dir neue.
Tanz, Kindlein, tanz.

Wenn ich einmal soll scheiden,
So scheide nicht von mir;
Wenn ich den Tod soll leiden,
So tritt du dann herfür;
Wenn mir am allerbängsten
Wird um das Herze sein,
So reiß mich aus den Ängsten

Kraft deiner Angst und Pein.

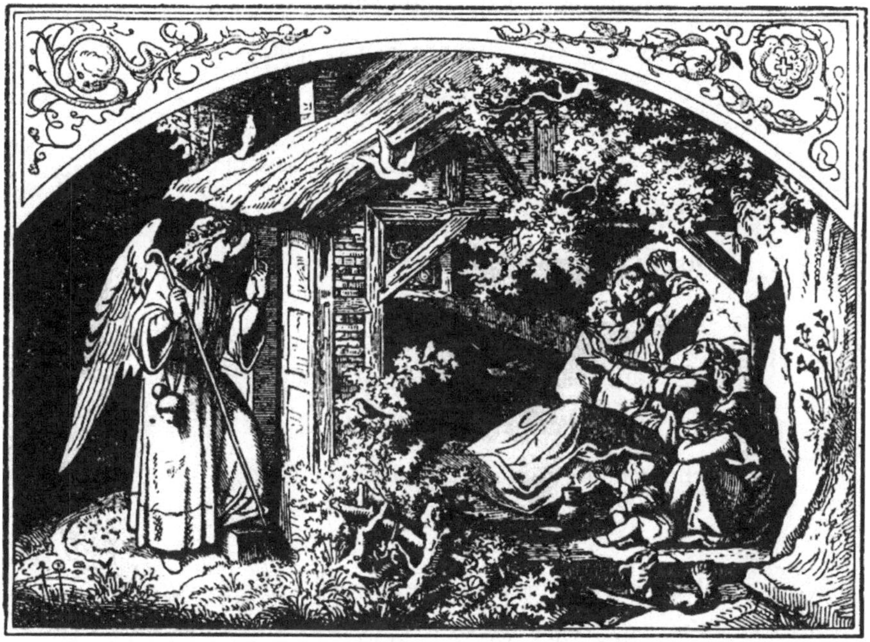

Aus der Jugendzeit

Aus der Jugendzeit, aus der Jugendzeit
Klingt ein Lied mir immerdar;
O wie liegt so weit, o wie liegt so weit,
Was mein einst war!

Was die Schwalbe sang, was die Schwalbe sang!
Die den Herbst und Frühling bringt,
Ob das Dorf entlang, ob das Dorf entlang
Das jetzt noch klingt?

O du Heimatflur, o du Heimatflur,
Laß zu deinem heil'gen Raum
Mich noch einmal nur, mich noch einmal nur
Entfliehn im Traum!

Keine Schwalbe bringt, keine Schwalbe bringt
Dir zurück, wonach du weinst;
Doch die Schwalbe singt, doch die Schwalbe singt
Im Dorfe wie einst:

„Als ich Abschied nahm, als ich Abschied nahm,
Waren Kisten und Kasten schwer;
Als ich wiederkam, als ich wiederkam,
War alles leer."

Rückert

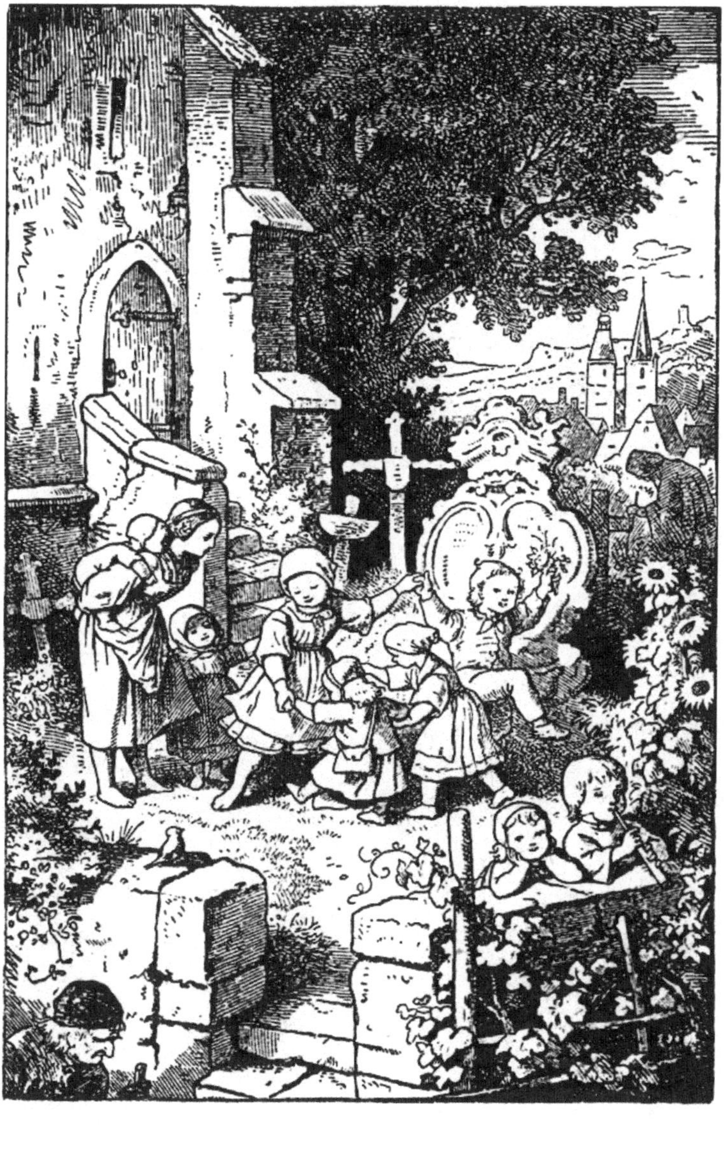

Es ist bestimmt

Es ist bestimmt in Gottes Rat,
Daß man, was man am liebsten hat,
Muß meiden!
Wiewohl nichts in dem Lauf der Welt
Dem Herzen, ach! so sauer fällt,
Als Scheiden, ja Scheiden!

Feuchtersleben
Nach einem Volksliede

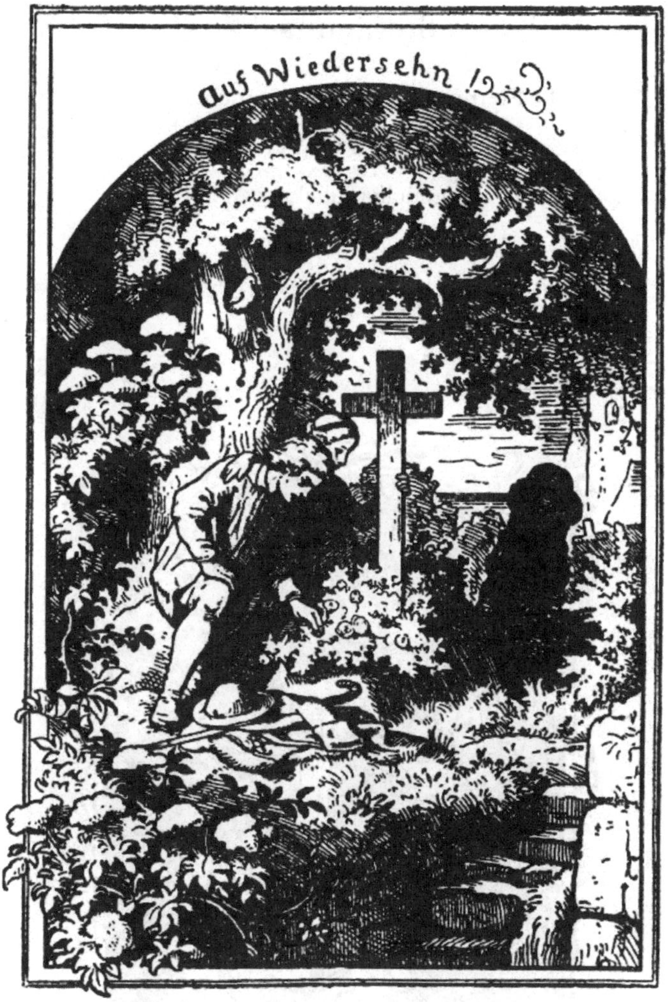
Auf Wiedersehn!

Sternennacht

Die Sterne die begehrt man nicht,
Man freut sich ihrer Pracht,
Und mit Entzücken blickt man auf
In jeder heitern Nacht.

Goethe

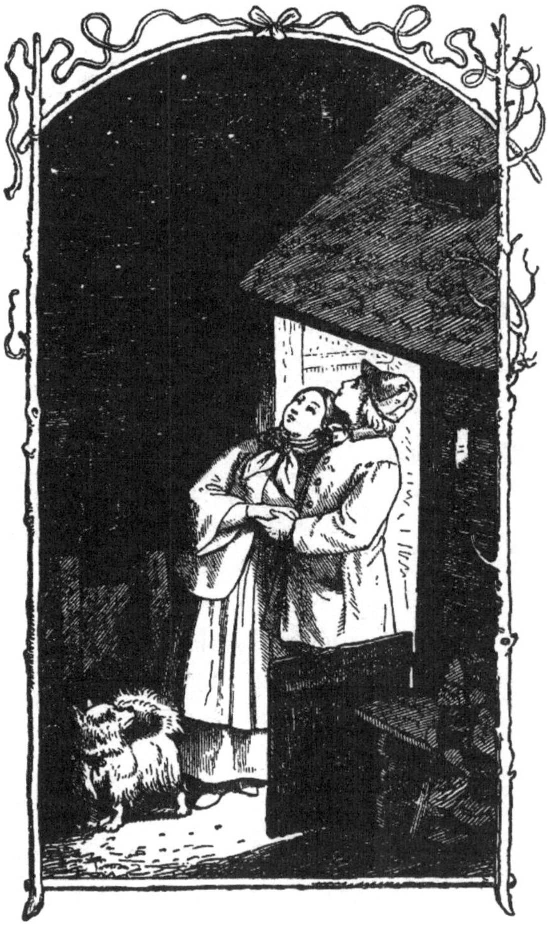

Abendlied

Nun ruhen alle Wälder,
Vieh, Menschen, Städt' und Felder,
Es schläft die ganze Welt:
Ihr aber, meine Sinnen,
Auf, auf! ihr sollt beginnen,
Was eurem Schöpfer wohlgefällt.

Der Tag ist nun vergangen,
Die güldnen Sternlein prangen
Am blauen Himmelssaal:
Also werd' ich auch stehen,
Wenn mich wird heißen gehen
Mein Gott aus diesem Jammertal.

Paul Gerhardt

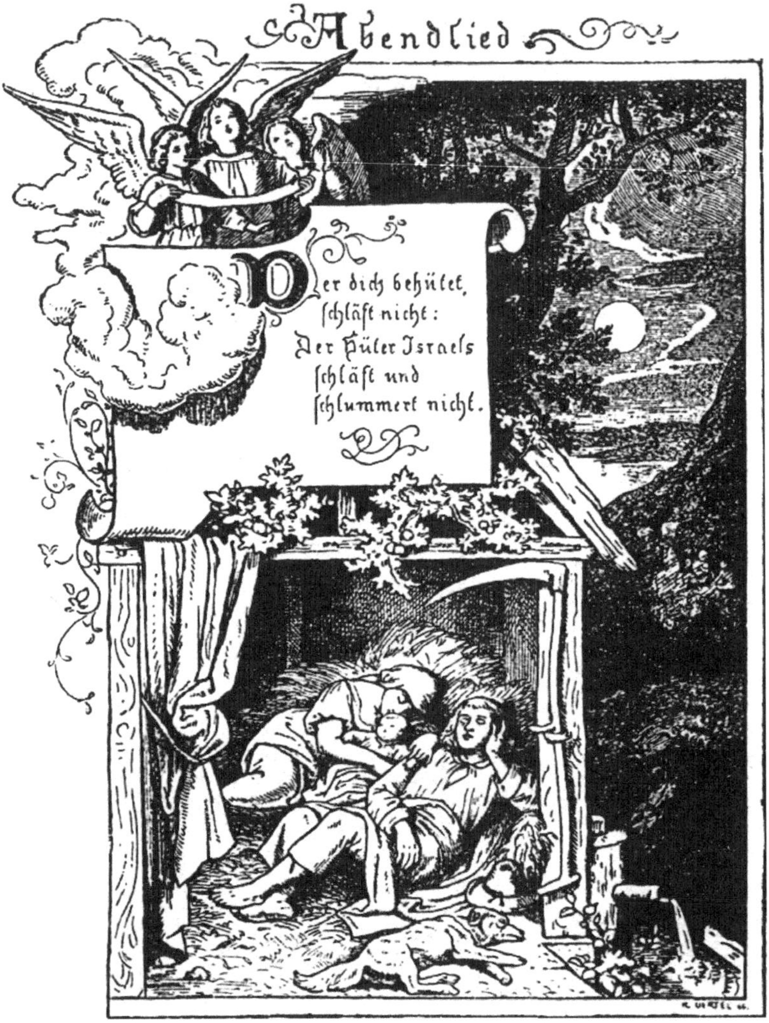
Abendlied
Der dich behütet,
schläft nicht:
Der Hüter Israels
schläft und
schlummert nicht.

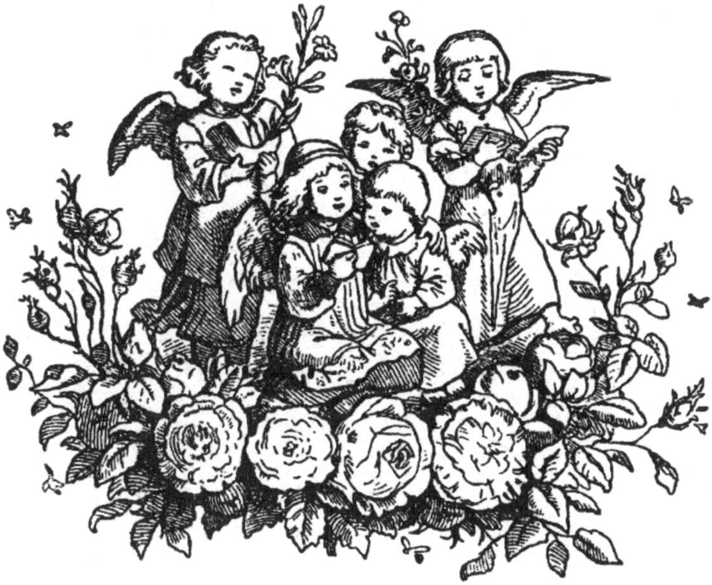

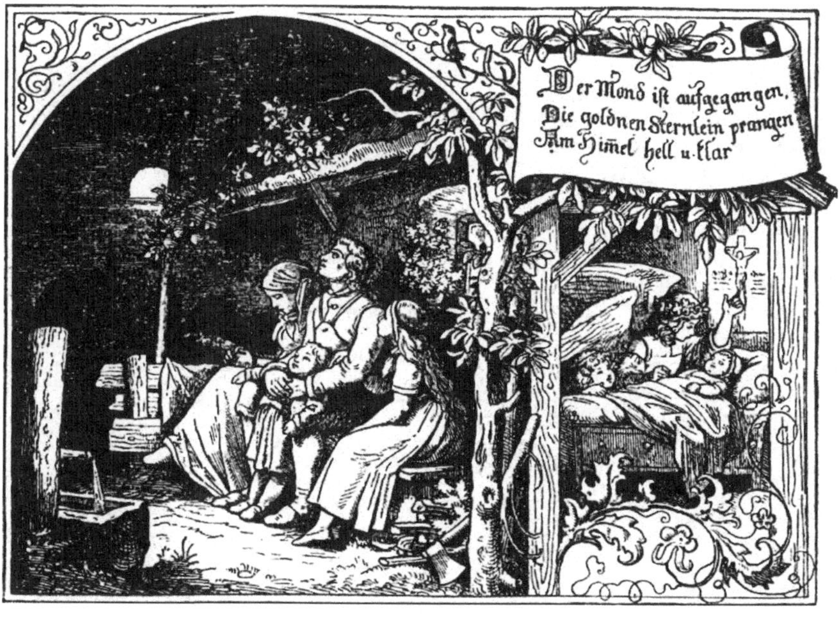

Der Mond ist aufgegangen,

Die goldnen Sternlein prangen
Am Himmel hell und klar;
Der Wald steht schwarz und schweiget,
Und aus den Wiesen steiget
Der weiße Nebel wunderbar.

Wie ist die Welt so stille
Und in der Dämm'rung Hülle
So traulich und so hold
Als eine stille Kammer,
Wo ihr des Tages Jammer
Verschlafen und vergessen sollt.

Seht ihr den Mond dort stehen?
Er ist nur halb zu sehen
Und ist doch rund und schön!
So sind wohl manche Sachen,
Die wir getrost belachen,
Weil unsre Augen sie nicht sehn.

So legt euch denn, ihr Brüder,
In Gottes Namen nieder;
Kalt ist der Abendhauch.
Verschon' uns, Gott, mit Strafen
Und laß uns ruhig schlafen,
Und unsern kranken Nachbar auch!

Matthias Claudius

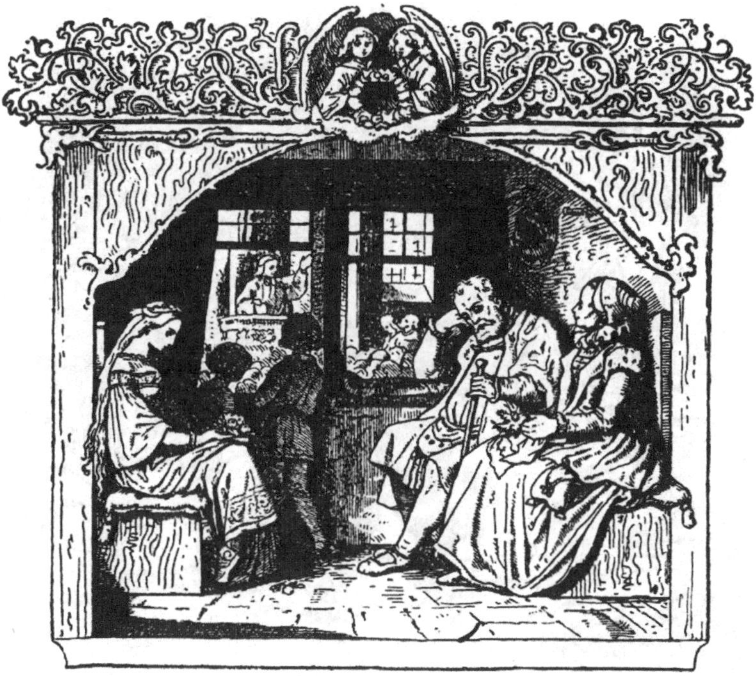

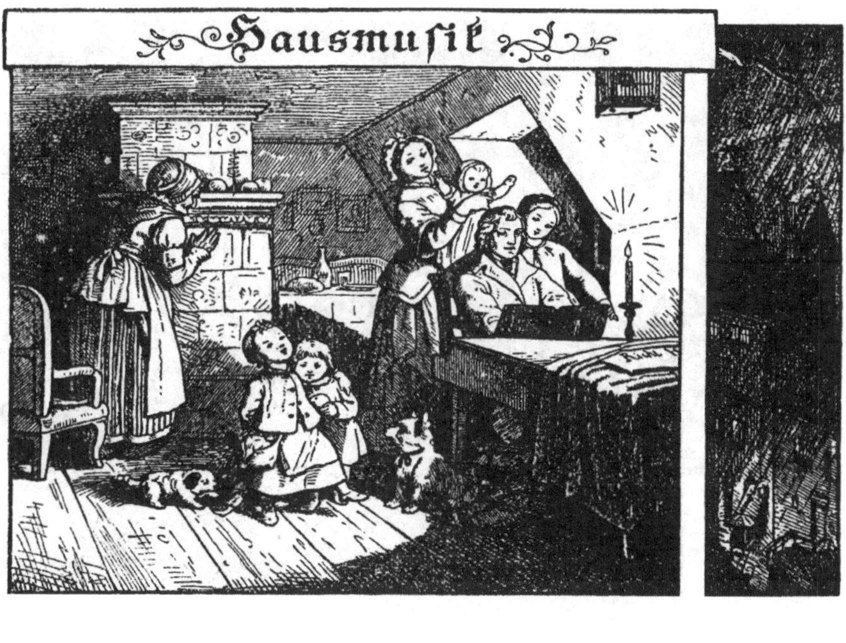
Hausmusik

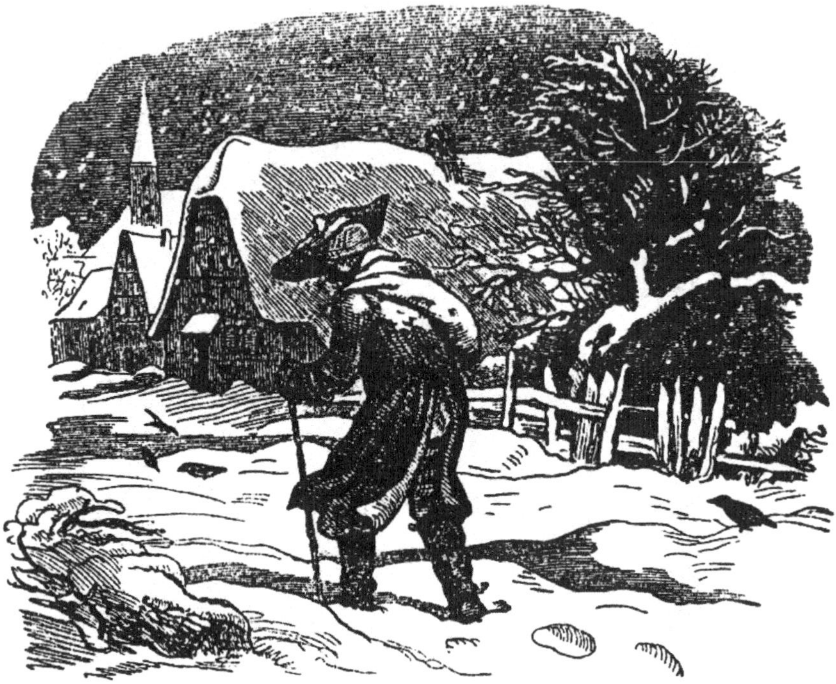

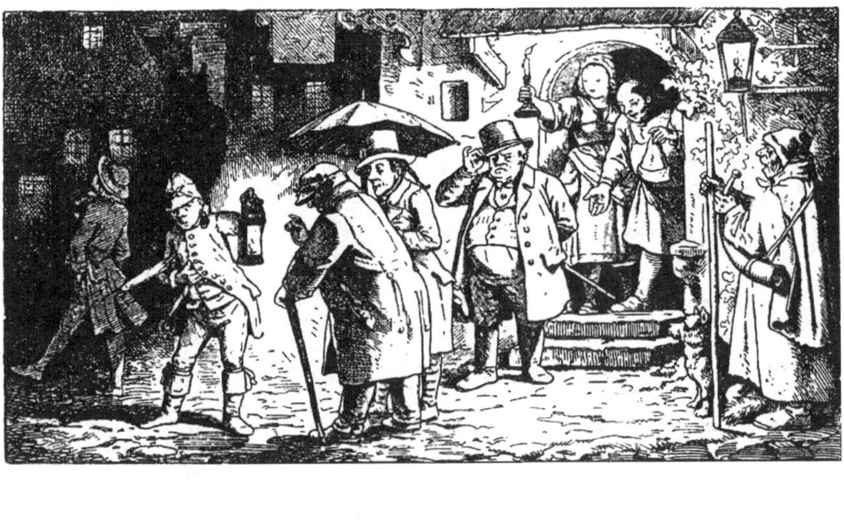

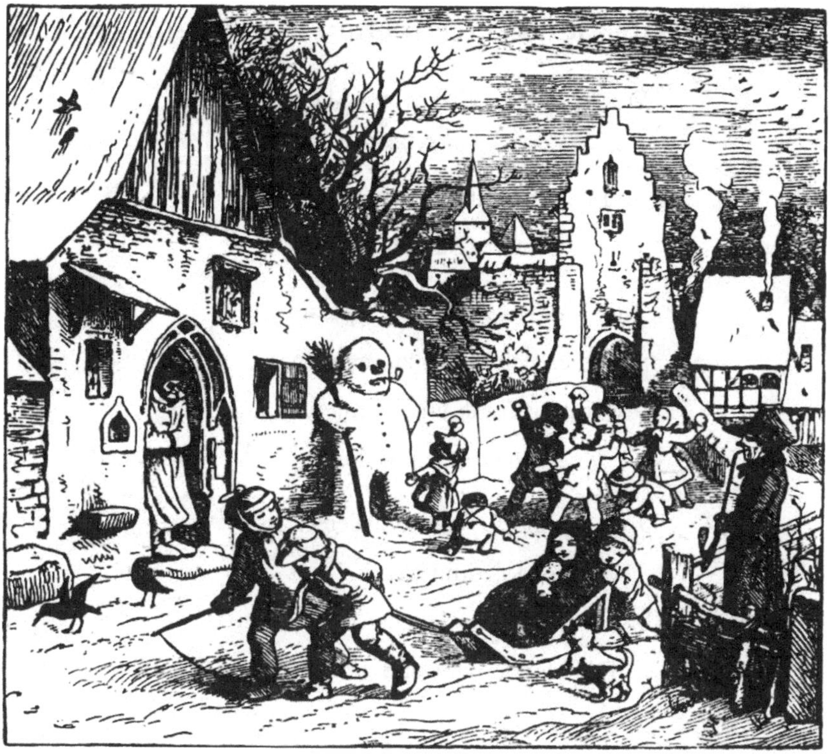

Ein Lied hinterm Ofen zu singen

Der Winter ist ein rechter Mann,
Kernfest und auf der Dauer;
Sein Fleisch fühlt sich wie Eisen an,
Er scheut nicht Süß noch Sauer.

Aus Blumen und aus Vogelsang
Weiß er sich nichts zu machen,
Haßt warmen Trank und warmen Klang
Und alle warmen Sachen.

Doch wenn die Füchse bellen sehr,
Wenn's Holz im Ofen knittert
Und an dem Ofen Knecht und Herr
Die Hände reibt und zittert;

Wenn Stein und Bein vor Frost zerbricht
Und Teich' und Seen krachen:
Das klingt ihm gut, das haßt er nicht,
Dann will er tot sich lachen.

Sein Schloß von Eis liegt ganz hinaus
Beim Nordpol an dem Strande;
Doch hat er auch ein Sommerhaus
Im lieben Schweizerlande.

Da ist er denn bald dort, bald hier,
Gut Regiment zu führen;
Und wenn er durchzieht, stehen wir
Und sehn ihn an und frieren.

Matthias Claudius

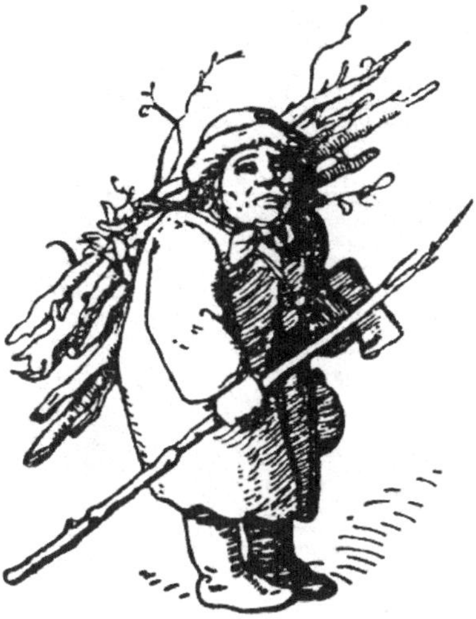

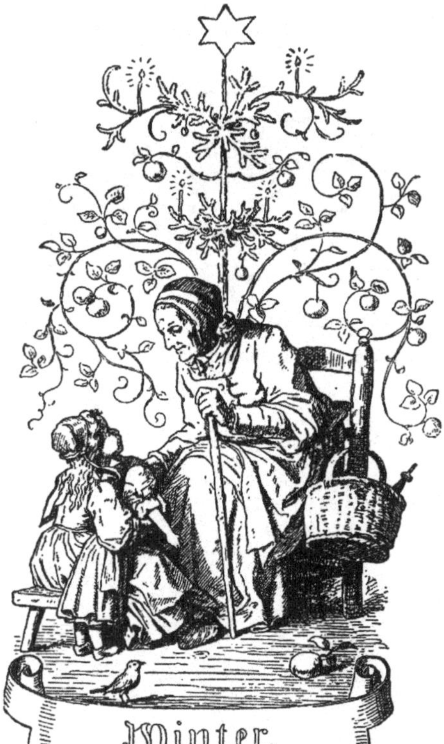
Winter.

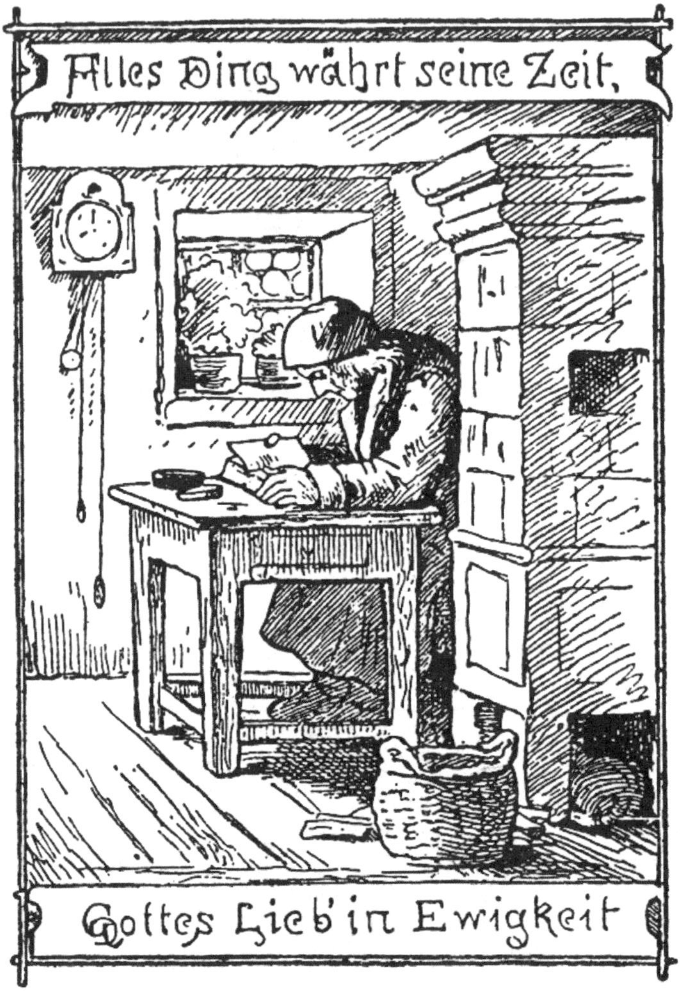
Alles Ding währt seine Zeit,
Gottes Lieb' in Ewigkeit

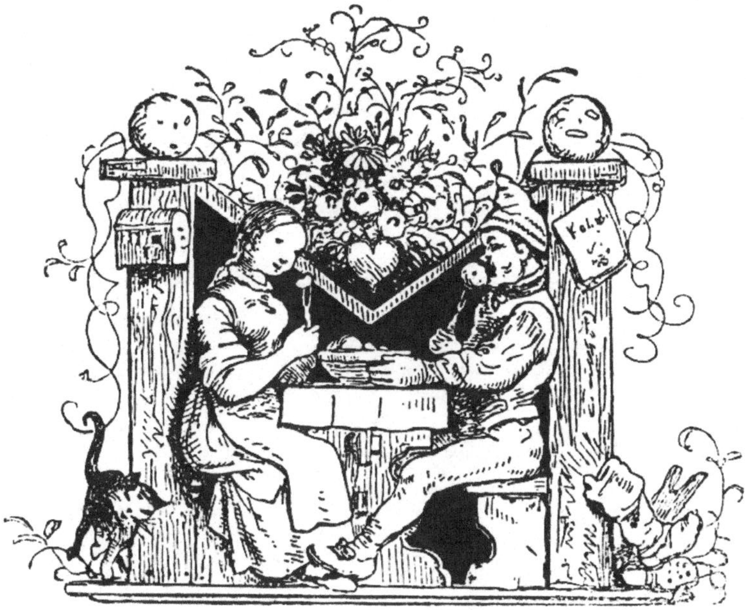